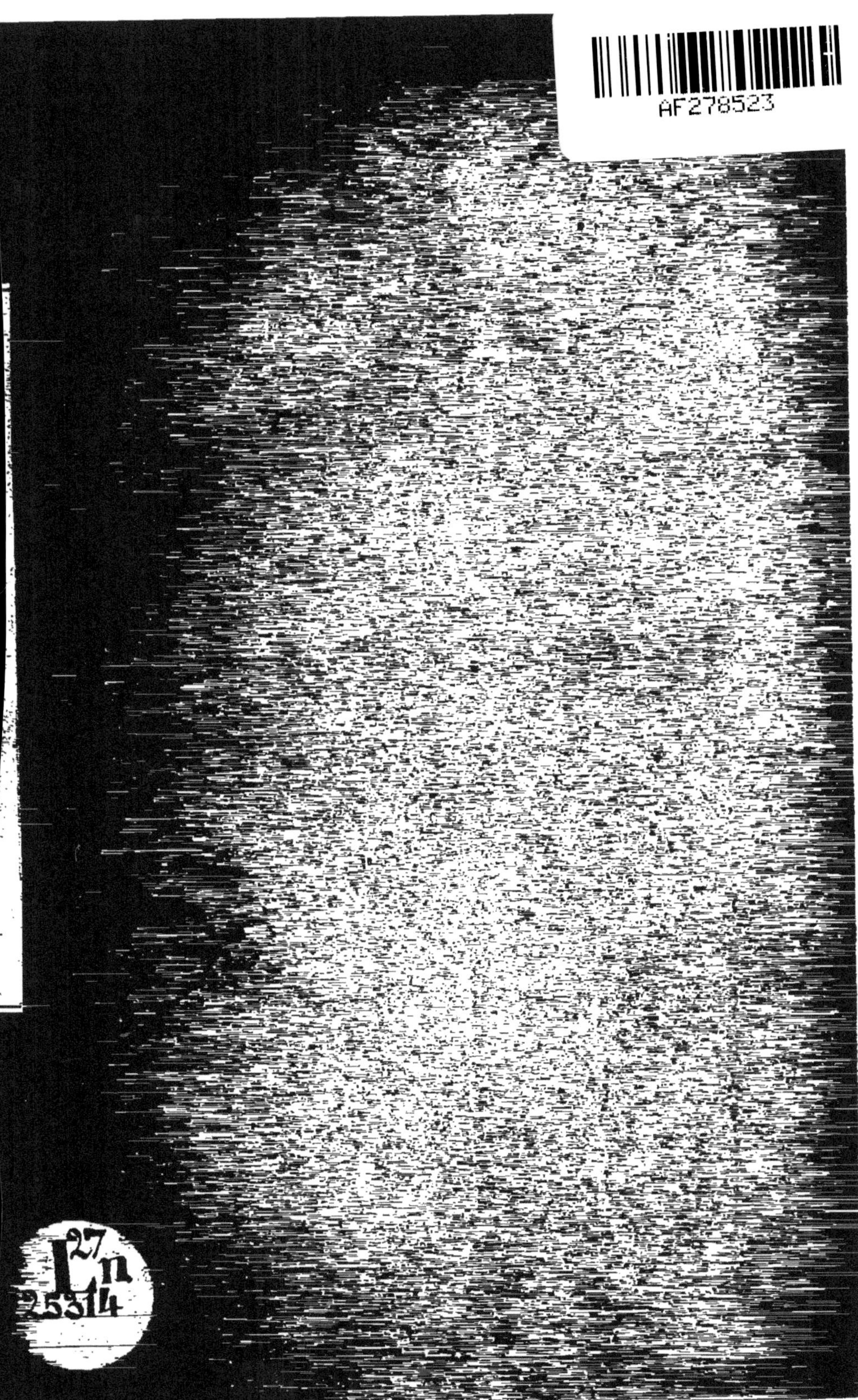

# NOTICE LITTÉRAIRE

## SUR

# L'ABBÉ É. MARTIN

## (D'AGDE)

PAR

## L'Abbé PAULINIER

MEMBRE DE L'ACADÉMIE DES SCIENCES ET LETTRES DE MONTPELLIER.

---

### RAPPORT

Lu dans la séance générale de l'Académie des Sciences et Lettres de Montpellier
le 28 juin 1869.

---

# MONTPELLIER

TYPOGRAPHIE DE BOEHM & FILS, IMPRIMEURS DE L'ACADÉMIE
Place de l'Observatoire.
1869

# NOTICE LITTÉRAIRE

SUR

# L'Abbé MARTIN (d'Agde)

Messieurs,

M. l'abbé Roüet a offert à l'*Académie* un livre qu'il vient de publier sous ce titre : *Vie de l'abbé Martin (d'Agde), curé de Saint-Denis* [1] ; et votre section des Lettres, accueillant la proposition de son honorable Président, a décidé qu'un rapport serait fait sur ce livre, afin de donner un dernier témoignage de vos sympathies à l'éminent académicien dont M. l'abbé Roüet a écrit, avec un amour vraiment filial, l'intéressante biographie.

Votre section des Lettres m'a confié le soin de rédiger ce rapport. Les liens particuliers qui m'attachaient à l'abbé Martin devaient me rendre ma mission bien douce ; mais comme, pour l'accomplir, le cœur ne suffit pas, je ne l'aborde

[1] Un vol. in-8º de 410 pages. Montpellier, chez F. Seguin et J. Calas, libraires.

pas sans hésitation, car je crains qu'en présence d'une existence si noblement remplie ma parole ne soit impuissante, et je regretterais de ne pas m'élever à la hauteur de mon sujet et d'une confiance qui m'honore.

La vie de l'abbé Martin offre de nombreux aspects. Son biographe a donc étudié tour à tour le jeune vicaire, le principal de collége, le prédicateur, le supérieur de séminaire, le curé d'une grande paroisse, l'historien d'un des Pères de l'Église les plus illustres, enfin le prêtre influent dont la mort arrachait ce cri à un de nos grands évêques[1] : « La mort de l'abbé Martin (d'Agde) est une perte immense » non-seulement pour le clergé de Montpellier, mais pour » l'Église de France tout entière.»

Une semblable biographie ne saurait être sans attrait pour tous ceux qui aiment les choses de l'intelligence et du cœur, et qui apprécient la dignité d'une vie consacrée tout entière à la défense de la plus noble des causes. Elle offre de plus un intérêt spécial aux hommes revêtus du sacerdoce, et je comprends que l'illustre évêque d'Orléans félicitant son auteur d'avoir eu *la bonne pensée d'écrire la vie de ce prêtre zélé, savant et éloquent*, ajoute que *le clergé doit trouver dans ce livre des exemples dignes d'être médités et imités*[2].

Il m'a semblé pourtant, Messieurs, que je ne devais pas me placer à ce point de vue, quelque magnifique qu'il soit, pour apprécier devant vous une existence si belle, et que j'entrerais mieux dans vos pensées si, en étudiant

[1] Mᵍʳ Plantier, évêque de Nîmes.
[2] Lettre de Mᵍʳ Dupanloup à M. l'abbé Roüet; Orléans, le 28 mars 1869.

l'œuvre de M. l'abbé Roüet, je cherchais à mettre simplement en relief les titres qui ont motivé et justifié le choix fait, il y a plus de vingt ans, par l'Académie, de notre regrettable collègue.

Le littérateur délicat, l'orateur éloquent, l'historien consciencieux et plein de verve, le penseur profond, voilà donc, Messieurs, les quatre caractères que je me propose de rechercher dans la *Vie de M. l'abbé Martin.*

I. Sa vocation littéraire se révéla de bonne heure. Elle date des premières années de son éducation cléricale.

L'abbé Martin était entré au séminaire de Montpellier en 1817. L'enseignement ecclésiastique était loin d'avoir, à cette époque, le développement que lui ont donné le progrès intellectuel toujours croissant de nos jours et le besoin d'armer le prêtre pour les luttes de la controverse moderne. L'Église de France sortait à peine de la crise la plus terrible. Il fallait combler les vides que la proscription avait faits dans les rangs du sacerdoce, et se hâter d'envoyer des pasteurs au peuple des campagnes privé depuis longtemps d'une direction religieuse. On se contentait donc alors de donner aux élèves du sanctuaire la science nécessaire pour l'accomplissement du ministère pastoral, et les études littéraires aussi bien que les études historiques et scientifiques étaient presque complètement oubliées.

Le jeune abbé Martin, grâce à la facilité de travail et de conception qui le distingua de bonne heure, suppléa lui-même à l'insuffisance de l'enseignement du Séminaire. S'il joignit à l'étude sérieuse de la théologie celle des mathématiques, qu'il fut chargé bientôt de professer, il ne négligea pas le culte des lettres. *Ces puissantes magiciennes*[1], comme il aimait à les appeler, séduisirent son imagination et son cœur. Sans le secours d'un maître étranger, il s'initia en peu de temps à la connaissance de la langue grecque, et il en comprit si bien les beautés que le sentiment de son admiration s'échappait presque malgré lui de sa plume, dans une lettre écrite à un ami pendant les vacances : «Le bon Homère! qu'il est doux pour moi de le traduire! Ah! cher ami, si nous pouvions, réunis sous le même toit, dévorer ensemble ses admirables poèmes, étudier ses grandes images, nous pénétrer de l'harmonie de ses vers, nos vacances seraient doublement utiles : nous ferions de rapides progrès dans l'art d'écrire avec goût et dans la connaissance de la langue grecque.[2]»

L'étude passionnée d'Homère procura à l'abbé Martin le double bienfait qu'il ambitionnait dans son enthousiasme juvénile. Tandis qu'elle préparait le futur historien de *saint Jean-Chrysostome* à apprécier, comme il le fit plus tard, l'éloquence du savant évêque d'Antioche, elle donna à l'écrivain, avec la pureté, l'élégance et l'éclat du style, le vrai sentiment du beau qui caractérise sa vie littéraire.

M. l'abbé Roüet a eu la bonne fortune de retrouver une lettre du 11 octobre 1824, qui nous révèle à quel point le sentiment du beau fut précoce chez l'abbé Martin.

Après quelques appréciations pleines de justesse, malgré un peu de vague dans l'expression, sur l'influence que la

---

[1] Discours prononcé à la distribution des prix du séminaire de Saint-Pons, le 25 août 1841.

[2] Lettre à M. l'abbé Vinas, le 28 août 1820.

pensée exerce toujours sur le style, le jeune étudiant expose ses sentiments avec une netteté qui étonne, touchant les grands maîtres dans l'art d'écrire, dont la lecture lui était plus familière.

S'il s'incline d'admiration devant la sublimité de Bossuet, la tendresse de Fénelon, l'onction pénétrante de Massillon, il signale dans Bourdaloue « ce style sobre mais élevé, ces comparaisons austères mais saisissantes, ces tableaux calmes mais pleins de grandeur, ces rapprochements d'idées, ces associations d'images, » en un mot ce grand art de parler et de peindre, qui font du profond théologien un des meilleurs écrivains du xviie siècle.

Malgré la prédilection bien légitime du prêtre pour les continuateurs des anciens docteurs de l'Église, on sent, en parcourant cette lettre du jeune abbé Martin, qu'il ne demeure pas indifférent aux beautés de la littérature profane.

Le génie vaste de Tacite et sa phrase incisive comme le burin, l'aimable hardiesse de Racine et le doux éclat de ses vers, la noblesse élégante de Buffon, la sage philosophie du bonhomme La Fontaine, sont caractérisés en quelques pages que les régulateurs du goût littéraire ne désavoueraient pas. On aime surtout à lire l'impression produite sur lui par la lecture d'un sophiste dont il est forcé d'admirer la parole, alors même qu'elle est au service du mensonge et de la passion. « Par quel talent merveilleux , dit-il, Rousseau maîtrise-t-il les âmes? Il ne parle pas, il peint ; il se sert des mots comme personne ne fit avant lui. On les voit accourir sous sa plume étonnés de leur alliance, de l'éclat qu'ils se prêtent l'un à l'autre et de la magie irrésistible qu'ils exercent sur le cœur. Chez lui surtout, chaque mot est un tableau, chaque tableau une passion ; chaque passion fait éclater son âme tout entière ; et cette âme, il l'*infuse* dans celle de ses lecteurs avec toute sa flamme, toutes ses idées, tous ses sentiments, et même, hélas ! avec toutes ses erreurs et tous ses vices. »

Je ne sais, Messieurs, si mon affection m'égare ; mais en relisant cette lettre de l'abbé Martin je me suis demandé si, parmi nos plus éminents collègues, plusieurs ne consentiraient pas à signer de leur nom ces lignes tombées, dans une heure d'épanchement intime, de la plume encore peu exercée d'un jeune critique de vingt ans.

Le goût littéraire de l'abbé Martin devait se manifester plus tard avec éclat dans la méthode d'enseignement adoptée par lui au Petit Séminaire de Saint-Pons dont il fut nommé Directeur, et dans les discours académiques qu'il prononça tous les ans à l'occasion de la distribution des prix.

Vous avez gardé le souvenir, Messieurs, de la lutte aussi imprudente que malheureuse soulevée par une école trop exclusive contre l'étude des classiques païens. L'abbé Martin, qui partagea toujours les idées religieuses de cette école, n'hésita pas à se séparer d'elle sur cette question littéraire. Reconnaissant les gloires légitimes de l'Université de France, dans laquelle il voyait « l'héritière de cette Université de Paris qui, depuis le jour où elle recueillait avec un pieux orgueil les leçons de Thomas d'Aquin, de Bonaventure, de Raymond de Lulle, n'a cessé d'agrandir pour nous le patrimoine de la science et de l'art que nous tenons d'elle », le Directeur du Séminaire de Saint-Pons acceptait aussi les traditions de cette Université et ses méthodes ; et bien loin de voir un danger absolu dans l'étude des classiques païens, il affirmait qu'un maître chrétien peut aisé ment faire ressortir de cette étude, avec le plus pur enseignement littéraire, un enseignement religieux.

Il ne craignait pas d'évoquer devant de jeunes hommes Rome et Athènes avec le prestige de leurs arts, avec le tumulte et l'animation de leur histoire, les grandes figures de leurs hommes illustres, et toutes ces hautes leçons qui sortent de la profondeur des faits. Il ne voyait pas seulement dans les livres des classiques païens le moyen d'étudier la littérature en ses sources les plus pures, et de surprendre le vrai goût en ses secrets les plus intimes ; il ne croyait pas impossible de faire, à l'aide de cet enseignement, un cours toujours attachant de philosophie, de morale et de religion autant que de poésie, et convaincu que c'est par ces études antiques et larges que se sont formés les génies immortels de Corneille, de Bossuet, de Fénelon, les gloires les plus pures et les plus durables de la patrie, il aimait à redire avec le poète romain :

>.........*Vos exemplaria græca*
>*Nocturna versate manu, versate diurna*[1].

C'est dans cette étude de l'antiquité que l'abbé Martin puisa l'élégante pureté et l'harmonieuse diction qui distinguent tous ses discours académiques. M. l'abbé Roüet les compare à ceux du R. P. Lacordaire, et il croit y retrouver, avec la même élévation de vues et de pensées, la même richesse d'expression, la même grâce de style. Si le biographe a trop jugé avec son cœur, qui de nous voudrait le lui reprocher, à une époque où le culte des souvenirs est, hélas ! si fragile ? D'ailleurs on ne saurait contester une cer—

---

[1] Discours prononcé à la distribution des prix du séminaire de Saint-Pons, le 25 août 1842.

taine parenté de talent entre le Supérieur du Petit Séminaire de Saint-Pons et le célèbre Directeur de l'École de
Sorèze, et nous regrettons que M. l'abbé Roüet, au lieu de
citer quelques fragments épars des *discours académiques*,
ne les ait pas publiés intégralement dans un Appendice,
qui aurait permis à ses lecteurs de mieux apprécier le
mérite d'écrivain de l'abbé Martin.


II. Le culte de l'abbé Martin pour les lettres ne fut pas,
Messieurs, le seul titre qui lui valut son admission parmi
vous. Quand l'Académie l'honora de ses suffrages, il avait
une autre auréole autour de son front, et ses prédications
lui avaient assigné déjà un rang distingué parmi les orateurs
contemporains qui ont illustré la chaire chrétienne. Vingt
années de succès oratoires à Montpellier ont prouvé depuis
cette époque qu'il n'y avait rien d'usurpé dans sa précoce
réputation.

On peut diviser en trois classes les travaux oratoires de
l'abbé Martin : ses discours apologétiques , ses homélies
pastorales et ses conférences aux dames du monde.

C'est avant d'être revêtu du ministère de pasteur qu'il
prêcha surtout ses discours apologétiques. Regardant comme
le plus important devoir de propager la science religieuse
dont il déplorait l'affaiblissement, il abordait de préférence,
dans les villes où l'appelait son apostolat, les grandes questions dogmatiques, sans reculer devant l'examen des problèmes sociaux dont son intelligence des aspirations du
siècle lui faisait sentir l'importance. On admirait dans le
jeune prédicateur l'exactitude de la doctrine, la gravité et

l'élévation de la parole, la noblesse d'un geste sobre et magistral ; mais la méthode d'exposition était mieux dans la nature de son génie que celle de discussion. Nous n'hésitons même pas à dire que poète autant qu'orateur, poète par le coloris du style, le charme du sentiment, la grâce des comparaisons et la grandeur des images, il peignait plus qu'il n'argumentait; mais il n'exerçait pas moins sur les esprits les plus élevés une séduction irrésistible.

Dans le cours de ses prédications apostoliques, l'abbé Martin avait mêlé à ses discours *apologétiques* quelques *homélies* sur l'Évangile. Quand on lui confia la direction de la paroisse de Saint-Denis, il crut avec raison que ce mode de prédication est le mieux en harmonie avec les fonctions de pasteur. Il s'y livra donc avec le plus admirable succès.

Fort dans la science des Écritures, nourri de l'étude des saints Pères et en particulier de celle de saint Jean-Chrysostome, ce grand maitre dans l'art de de l'*homélie*, il commenta, comme l'évêque d'Antioche, les livres de l'Ancien Testament et spécialement les premiers chapitres de la Genèse, qui lui fournirent les développements les plus saisissants sur l'*œuvre des six jours*. Puis il prit pour thème les évangiles, et nous ne craignons pas d'affirmer que c'est dans leur interprétation que son talent d'orateur sacré se manifesta avec le plus de splendeur.

Sa méthode était simple. En quelques mots il expliquait le sens naturel, écartait les difficultés, combattait les objections exégétiques. Abordant ensuite la question morale, il l'exposait avec abandon dans une simple causerie, il en déduisait les applications les plus pratiques, il semblait quelquefois interroger ses auditeurs avec une familiarité

affectueuse, jusqu'à ce qu'emporté par le souffle de l'inspi-
ration, il fît jaillir de sa parole des éclairs qui achevaient
d'illuminer l'intelligence et de triompher des dernières
résistances du cœur.

Son éloquence pastorale lui mérita un jour l'éloge inat-
tendu d'un homme dont on ne saurait contester la compé-
tence en matière de talent oratoire. M. Sauzet, l'ancien
président de la Chambre des députés, se trouvant à Montpellier, entra un dimanche matin dans l'église de Saint-Denis
pour satifaire à son devoir de chrétien. Il fut tellement sous
le charme de la parole de l'abbé Martin que, le suivant dans
la sacristie, sans le connaître : «Monsieur le curé, lui dit-il,
je viens d'assister à votre prône, et j'éprouve le désir de
vous dire que je n'ai jamais entendu commenter nos saints
Livres avec une plus grande noblesse et tant de simplicité.»

Le sentiment de la mission des femmes chrétiennes
inspira au curé de Saint-Denis l'idée de conférences spéciales
sur leurs devoirs. Vous connaissez tous, Messieurs, l'admiration enthousiaste que ces conférences, continuées sans
interruption pendant un quart de siècle, excitèrent parmi les
dames montpelliéraines. Je me contenterai donc de signaler,
avec M. l'abbé Roüet, la finesse de l'esprit, la délicatesse
du cœur, l'attrait du sentiment, le charme de l'imagination
et l'élégance du langage qui, avec un exposé sans exagé-
ration de la morale, furent les éléments d'un si long succès.

Un événement de la vie de l'abbé Martin raconté par son
biographe nous révèle à quel point son éloquence était
appréciée en dehors du diocèse de Montpellier. M<sup>gr</sup> Sibour,
archevêque de Paris, voulut lui confier en 1852 les confé-

rences de Notre-Dame que le P. Lacordaire venait d'inter-
rompre, et la chaire d'éloquence sacrée à la Sorbonne,
demeurée vacante par la promotion de l'abbé Cœur à l'évêché
de Troyes. Si la modestie de l'humble curé ne l'eût fait
reculer devant une si brillante carrière, la ville de Montpellier
aurait été privée, il est vrai, d'un de ses prêtres les plus
éminents, vous auriez perdu vous-mêmes avec un indicible
regret un illustre collègue ; mais quel éclat aurait rejailli
peut-être sur le talent oratoire de l'abbé Martin ! Vous savez
le vieil adage littéraire : *Nascuntur poetæ, fiunt oratores*;
or c'est sous le souffle qui s'échappe d'une assemblée nom-
breuse, savante, passionnée, que les orateurs se forment.
L'auditoïre de Notre-Dame, qui réunit, tous les ans, ce
que Paris et la France renferment d'illustrations, et qui a
produit les Félix et les Hyacinthe, n'aurait-il pas réagi avec
la même puissance sur la parole si remplie de souplesse de
M. le curé de Saint-Denis ?

III. La vie de l'abbé Martin va se révéler à nous sous un
nouvel aspect. Enchaîné par sa modestie et par ses affec-
tions les plus vives dans sa chère paroisse de Montpellier,
il trouva du loisir, au milieu des travaux si multipliés du
ministère pastoral, pour se livrer à de longues études historiques, et un livre à la fois érudit et élégant sur *Saint
Jean-Chrysostome et son siècle*, fut le fruit de ses veilles
laborieuses et de ses savantes méditations.

Le patriarche de Constantinople avait eu déjà de nombreux biographes. Nous ne craignons pas de dire qu'aucun
n'a retracé d'une manière plus complète cette grande et
majestueuse figure qui rayonne d'un si vif éclat dans l'his-

toire du Christianisme. L'abbé Martin nous montre en effet sous son vrai jour, comme il l'annonce dans le programme même de son œuvre, l'orateur, l'apôtre, le docteur de la charité, le père des pauvres, le modèle des pontifes et des prêtres, le glorieux témoin de la primauté du Saint-Siége, l'héroïque défenseur des droits et de la liberté de l'Église. Et ce n'est pas une simple biographie que l'on doit chercher dans ce livre ; le siècle où vécut Chrysostome s'y déroule tout entier sous nos yeux avec son cortége d'hommes illus- tres, ses agitations, ses périls, ses défaillances, mais aussi son impérissable grandeur. Si l'historien nous fait toucher du doigt les diverses plaies de l'Empire romain s'affaissant sous sa décrépitude, il nous montre un monde nouveau se dégageant peu à peu, sous le souffle du spiritualisme chrétien, de l'influence païenne, et faisant succéder à une civilisation vermoulue une civilisation resplendissante de sainteté et de jeunesse.

Toutes les grandes questions religieuses et philosophi- ques de cette époque attirent l'attention de l'abbé Martin. La mission civilisatrice des moines, le rôle non moins im- portant des femmes chrétiennes, à la tête desquelles marche avec tant de fierté la célèbre Olympiade, la cause de la liberté de l'Église, l'indépendance de la papauté, les tentatives réitérées des empereurs pour séparer l'Église d'Orient de Rome et la faire servante à Byzance en atten- dant qu'elle devienne plus tard esclave à Moscou, inspirent tour à tour à l'historien de saint Jean-Chrysostome des tableaux émouvants dans lesquels le lecteur ne reconnaît pas seulement l'histoire du passé, mais celle de notre époque.

Et ce n'est pas seulement au point de vue philosophique

et religieux que le livre de l'abbé Martin a ce caractère d'actualité. Considérant dans le patriarche de Constantinople le politique, le réformateur, l'économiste, l'historien se trouve plus d'une fois en face des questions les plus brûlantes, et les problèmes de l'esclavage, de la propriété, de l'épargne, de l'égalité des droits, de l'affranchissement du travail, de la production de la richesse, sont résolus par lui, selon les données chrétiennes, avec cette admirable précision qui lui a valu en plein Collége de France un témoignage solennel de l'illustre économiste Michel Chevalier.

Je ne crois pas, Messieurs, devoir insister davantage sur le plus beau titre de gloire littéraire de l'abbé Martin. Son livre est entre les mains de tous ceux que passionnent les grandes questions historiques. Il n'est aucun de vous qui n'en ait dévoré les éloquentes pages, et d'ailleurs mon appréciation critique ne pâlirait-elle pas devant le compte-rendu si complet, si judicieux, si délicat qui a été fait de ce livre par notre éminent collègue, M. Germain [1] ?

Permettez-moi seulement de signaler deux critiques dont cette histoire a été l'objet. On a reproché à son auteur d'avoir multiplié à l'excès les citations des écrits de saint Jean-Chrysostome et d'être resté trop orateur, en cédant à des élans d'enthousiasme que l'habitude de l'improvisation lui rendait si familiers, mais qui ne conviennent pas à l'histoire.

L'affection filiale de M. l'abbé Roüet pour le curé de Saint-Denis ne l'a pas empêché d'indiquer timidement ces deux imperfections de son œuvre. Nous les reconnaissons avec lui ; mais nous nous hâtons d'ajouter, en citant une parole bien connue du régulateur du goût antique : Dans un

---

[1] *Messager du Midi*, le 8 décembre 1868.

livre où les beautés étincellent, a-t-on le droit de se montrer trop exigeant pour quelques taches isolées qui ne prouvent après tout qu'une chose : c'est que la perfection même littéraire n'est pas du monde présent[1].

L'historien de saint Jean-Chrysostome, honoré des suffrages des membres les plus éminents de l'Épiscopat français[2], reçut une distinction d'autant plus flatteuse qu'elle est accordée rarement à un simple prêtre. Il fut nommé le 5 février 1864, membre de l'Académie de la religion catholique à Rome, et il eut l'honneur d'être proclamé dans la même élection avec Mgr Dupanloup. Le R. P. Cirino, secrétaire de cette Société savante et supérieur-général des Théatins, eut l'attention délicate de lui envoyer, avec le diplôme, une plume d'argent, en exprimant l'espérance *qu'elle lui servirait à défendre glorieusement l'Église.* Quelques années plus tard une joie plus vive lui était réservée. Il était à Rome et avait reçu la faveur d'une audience

---

[1]
  *..... Ubi plura nitent in carmine non ego paucis*
  *Offendar maculis quas aut incuria fudit*
  *Aut humana parum cavit natura.......*
         Horace, *Art poétique.*

[2] M. l'abbé Roüet a reproduit dans sa *biographie* l'appréciation sur l'*Histoire de saint Jean-Chrysostome* de Mgr l'évêque de Nimes, une approbation des plus explicites de Mgr l'archevêque d'Avignon, et deux lettres très-remarquables, l'une de Mgr Ginoulhiac, le plus savant théologien de l'épiscopat français, l'autre de Mgr Dupanloup, le plus éloquent polémiste. Le R. P. Lacordaire, accablé par la maladie qui devait l'enlever bientôt après à l'Église, trouva des forces pour exprimer à l'historien de saint Jean-Chrysostome la joie que la publication de son livre lui causait. Sa Sainteté Pie IX daigna aussi lui adresser un Bref, et l'on rapporta à l'abbé Martin que le Souverain Pontife n'avait pu retenir ses larmes à la lecture d'un fragment de son livre sur les épreuves actuelles de la Papauté.

particulière du Vicaire de Jésus-Christ. Pie IX, en entendant décliner son nom par le camérier qui lui servait d'introducteur, se souvint de l'historien de saint Jean-Chrysostome, et faisant une allusion pleine de finesse à son livre : Monsieur le Curé, lui dit-il, au moment où l'abbé Martin se prosternait avec émotion à ses pieds, nous sommes aujourd'hui, comme au temps du grand Évêque de Constantinople, obligés de lutter contre les empereurs et les rois, et il lui offrit son portrait au–dessous duquel il écrivit cette parole du Psalmiste : *Beati qui ambulant in via Domini.* Ce jour-là, dit M. l'abbé Roüet, le prêtre et l'écrivain avaient reçu leur plus belle récompense.

IV. Je crains, Messieurs, que l'entraînement de mon admiration et l'attrait plus grand encore de mon cœur ne m'aient déjà fait dépasser les limites que je devais me tracer dans cette étude. Je me contenterai donc de quelques mots pour signaler dans l'abbé Martin le philosophe et le penseur.

En parlant de son *Histoire de saint Jean-Chrysostome,* je vous l'ai déjà montré attaquant résolûment les problèmes qui tourmentent le plus notre époque. Il ne demeura étranger en effet à aucune des nobles aspirations du siècle. Ses travaux sur l'industrialisme et le progrès lui méritèrent les applaudissements de l'illustre académicien et savant économiste M. Blanqui ; il étudia avec amour toutes les questions sociales ; large dans ses idées, il signalait avec une sorte d'effroi quelques signes de décadence des temps présents, l'abdication de la dignité humaine, la muette adoration du succès et de la force ; mais puisant bientôt dans ses convictions de chrétien les plus belles espérances : «Je suis de

ceux, écrivait-il, qui ont cru, qui croient, qui croiront jusqu'à la fin à l'alliance possible de la foi et de la liberté ! Mes
rêves si souvent déçus ne m'empêchent pas d'espérer et de
rêver toujours. La foi et la liberté ont un besoin indispen-
sable l'une de l'autre. En dépit de tout, j'ai confiance dans
l'avenir; je crois au catholicisme, qui est la vie de mon âme,
et je crois à la liberté, qui fut l'amour de toute ma vie. »
Paroles magnifiques, Messieurs, qui retentissent à nos
oreilles comme le suprême testament du sage et du philosophe chrétien, testament presque aussi beau que celui
du prêtre léguant à son église et aux pauvres sa seule et
unique richesse, les livres qu'il avait tant aimés [1] !

Ai-je réussi, Messieurs, en m'inspirant de l'excellent
livre de M. l'abbé Roüet, à reproduire quelques-uns des traits
de la noble physionomie de notre éminent collègue ? Si le
portrait ne vous semble pas fidèle, n'accusez que la faiblesse
de la main de celui à qui vous avez confié le pinceau.

Permettez-moi, en terminant cette étude, un regret que
l'Académie a exprimé bien des fois : Pourquoi des infir-
mités précoces ont-elles éloigné trop souvent l'abbé Martin
de nos séances? Malgré ses absences forcées, l'Académie
ne voyait pas moins en lui une de ses gloires, et sa mort a
laissé dans nos rangs un vide difficile à combler. La recon-
naissance de ses paroissiens a gravé sur le monument qui
couvre sa froide dépouille, une inscription rappelant sa
science et ses vertus ; je ne crains pas de déposer en votre

---

[1] L'abbé Martin, par son testament, en date du 4 février 1868, a
voulu que le produit de la vente de sa riche bibliothèque fût partagé
entre son église, les pauvres et l'œuvre du Denier de Saint-Pierre.

nom, sur cette tombe, l'épitaphe que Pline le Jeune inscrivait sur celle de Virginius Rufus : «Il est mort, comblé d'honneurs, même de ceux qu'il a refusés. Nous devons le regretter et le pleurer comme modèle des anciennes mœurs ; nous surtout qui le chérissions et qui l'admirions autant dans le commerce familier que dans sa vie publique [1] ».

[1] « Ille quidem plenus annis abiit, plenus honoribus, illis etiam » quos recusavit. Nobis tamen quærendus ac desiderandus est, ut » exemplar ævi prioris; mihi vero, præcipue, qui illum non solum » publice, sed etiam privatim, quantum admirabar, tantum diligebam ». (Plinii Epistolæ, lib. II.)